JN417814

창조문학대표시인선 278

해산의 고통보다 더한 그리움

유태영 제2시집

창조문학

□ 시인의 말

가을이 점점 깊어갑니다.

첫 시집을 출간한 지 어느 덧 11년이란 세월이 바람처럼 지나고 나니, 제 삶도 어느 새 가을로 접어듭니다.

그동안 잃은 것도 있지만 얻은 것이 훨씬 많은 보람되고 뜻 깊은 시간이었기에 감회가 더욱 새롭습니다.

남들이 흔히 말하는 문학소녀의 시절도 없이 삶에 얽매여 살다 40대에 만학을 하고 50대에 신학 공부를 하여, 이제는 전도자의 삶을 살면서 주신 재능을 틈틈이 사용하여 시와 찬미의 글을 쓸 수 있다는 것이 마냥 행복합니다.

기도원 사역을 한다고, 그동안 여러 어려운 여건 가운데서도 의 하는 일 묵묵히 지켜보면서 어려움을 참아 준 가족들에게 미안함과 고마움을 전하면서, 잊지 않고 늘 관심을 가지고 따뜻한 사랑을 보내주신 창조문학 홍 문표 교수님, 김지향 교수님, 이 영지 목사님 외 창조문학 관계자 여러분들께 깊은 감사드립니다.

늘 기도로 후원해 주신 주변의 목사님들께, 동료 전도사님, 권사님, 모든 아는 분들께도 감사한 마음 전해드립니다.

세상은 빠르게 변하고 가정과 사회가 힘없이 무너지는 이 시대, 모든 삶의 행복의 기초가 되는 가정이란 울타리 무너뜨리지 않으려 인내하며 기다림 끝에 얻은 보람도 큰 세월들이었습니다.

가난과 무지와 세상과 싸우려 믿음을 지팡이 삼아 견디며 갈등하면서 쓴 글들이, 어려움과 고통 중에 있는 사람들에게 조금이나마 마음에 휴식이 되었으면 하는 바램으로 시집을 출간했습니다.

해산의 고통보다 더한 아픔 중에도 소망을 가지고 참고 견디면 반드시 좋은 날 오리라 확신하면서 새 소망의 선물되시기를 기원합니다.

2020년 11월
늦가을의 정취를 즐기며

해산의 고통보다 더한 그리움

유태영 제2시집

◈차 례◈

□ 시인의 말

제 1 부 아침산책길

제 2 부 봄이 오는 골목

제 3 부 가을 사랑

제 1부 아침 산책길

아침 산책길

빼꾹새 소리가 창문을 두드린다
초록 잎새 반짝이는
반듯한 거목 사이로
상큼한 촉수되어
분주한 일상을 콕콕 쪼아댄다
가슴 깊이 접어 둔 화선지에
새 삶의 밑그림을 그려본다
이곳에 두시려고
그토록 걸죽한 진흙탕 속을
울퉁불퉁한 자갈밭 길을
맨 발로 걷게 하시었던가

이제는 단단한 발바닥으로
어디를 가나 무엇을 밟으나
아파하지 않고
무딘 것 같으나 예민하게
낡은 것 같으나 새롭게
어색함 없는 어울림으로 살으려
상큼한 공기 흠뻑 들이키며
산책로 따라 걷는다

새벽 종소리

태고적 신비의 소리
고요함 가르는 생명의 소리
돌고 돌아 달려 온
숨 가쁜 세월 속에
가슴 깊이 묻어 둔
추억의 종소리

산등성 넘어
새벽이슬 맞으며
꿈속에 들려오던
투명한 울림이
소녀의 귓전을 스쳐
바람에 실려 갔건만

세월 지나
햇살처럼 번져 오는
엄숙한 떨림은
선한 가시 되어
텁텁한 마음 콕콕 찌른다

녹차를 마시며

연둣빛 마알간 물속에
따끈히 우러나는 삶의 향기
가녀린 잎새 꺾이던 아픔에
아플 겨를도 없이
달구어진 가마솥에서
볶이고 잘리고 으깨어
고운 가루되어 나오기까지
곡절 많은 삶의 여정

푸르던 열정도
반짝이던 눈빛도
무참히 부서진 존재가
오늘은
고고한 찻잔에
따끈한 개운함으로
삶의 갈증 풀어 주는
포르스름한 녹차를 마시며

겨울나무

적막한 세상에
할 말도 많으련만
지그시 두 눈 감은 채
침묵 중이다
지금은
어떤 언어도 아껴야 할
인고의 계절
이 살풍스런 계절도 한 때
혈기 분노 다 삭아 내리고
살가운 바람 훈훈할
그 날을 기다리며
시린 볼 부비고 선
겨 울 나 무

아침 바다에서

뱃고동 소리가 새벽을 깨운다
찌든 삶의 앙금
짭조롬한 바닷물에 헹구어내고
만선의 깃발 휘날리며
힘차게 들려오는 기쁨의 소리

얼마나
아프고 시린 세월 견디고서야
저 넓은 마음 품을 수 있을까
얼마나 깎아내고 부서져야
저 푸른 설레임으로 출렁거릴까

때때로 돌변하는 해풍에
거칠면 거친 대로
잔잔하면 잔잔한 대로
묵묵히 받아주고 포용하는
광활한 아침바다

보리순 처럼

휘몰아치는 눈보라 속
언 가슴 쓸어안고
희망의 잔뿌리 키우며 살아간다
삶이 비록
시리고 아플지라도
무던히 일어나 마음 추스린다
세찬 바람 몰아쳐
가녀린 생 짓밟아도
긴 겨울
오금 저려 답답했을지라도
구겨진 잎새 툭툭 털고 일어선다
한파 몰려와
열악할수록 단단해지는
속 깊은 보리순 처럼
꿋꿋하게 일어나
햇살 한 대접 들이키고
새봄을 맞이한다

난 울었다

난 울었다
스멀스멀 끓어오르는
쓰디 쓴 오물 쏟아내며
뜨거운 눈물
소낙비처럼 쏟았다

달콤한 유혹이
보암직하고
먹음직스러워
아삭아삭 삼켜버린
죄악 덩어리들
토해내지 않고는
견딜 수 없어
몸부림치며 목 놓아 울었다

단단한 자아의 열매
반질한 교만과
아집의 뿌리들을
송두리째 뽑아 던지고
비늘 벗어진 눈으로
세상 바라보니
풀잎이 풀잎처럼
꽃이 꽃처럼 아름다워

견딜 수 없는 행복에 겨워
난 또 펑펑 울고 말았다

그래도 나는 너를 사랑하련다

하늘이 잿빛이도록
눈앞이 깜깜하도록
온 몸 찔러대던
날카로운 가시들

세월이 흐르는지
시간이 멎어 있는지
감각조차 잃고 살아 온 순간들
선인지 악인지 분간도 못한 채
바람처럼 흘러 온 아픈 세월

지금은 비록
뭉툭한 칼날이요
진액 빠진 기둥이건만
모난 돌멩이 같은 나를
동글동글 다듬어준
미워할 수 없는 인연이기에
그래도
나는 너를 사랑하련다

기차 여행

화창한 봄
바람 상큼한 날
플랫포옴 자판기 앞에서
따끈한 커피 한 잔 뽑아들고
홀가분하게 떠나는 기차 여행
근사한 약속
거창한 계획은 없어도
자연 찾아 떠나는 나만의 여유

컬컬한 마음 시원히 풀어 줄
열차에 몸을 싣고
거추장스런 잡념 부스러기
부질없는 염려 덩어리
멀찍이 던져버리고
검푸른 바다를 향해
미련 없이 도심을 탈출한다

산하를 뒤흔드는
짜릿한 기적소리 들으며
거침없이 들판을 가르는
부산행 열차에 몸을 싣고
천리 길 달려가는 기차여행

파도

눈물도 아픔도 꽃으로 피는가

긴 세월 속
부서지고 깨진 눈물 조각들
망망한 바다로 흘러 모여
금빛 물보라 꽃으로 피었다
아린 세월 떨어져나간
크고 작은 소망들
깊은 바닥에 파닥거리다
눈부신 꽃으로 부풀어 올랐다

바람에 빠져나간 알갱이
빗물에 떠내려간 소원들
백사장에 쌓이고
밀려오는 물살에 씻기어
갯바위 이끼 꽃으로 피었다

너른 바다
하늘 한 아름 끌어안은 곳
날마다 웅크린 꿈들이 용솟음치는
슬픔과 기쁨이 만나는 곳
은빛 찬란한 물결 펼쳐진 그 곳에
아픔도 고통도 꽃으로 피는가

산수유

처절한 목마름으로
바람에 채이고
눈보라에 휘청이던 가지마다
샛노란 웃음꽃 피었다

섬세한 감성으로
무딘 감각 흔들어 깨우는
봄의 전령사
가지런히 떨어트린
향수 한 방울에
온 세상이 향기롭다

보일 듯 말 듯 하늘거리는
작은 꽃술 안에
세상 수놓을 여유 가득하다
바람 스치는 언덕마다
수줍은 처녀 엷은 미소로
샛노란 실루엣 날리고 서있는
산 수 유

그대여

그대여
그렇게도 까칠하게 할퀴어댄 가슴에도
봄이 찾아 왔다오
골진 가슴 사이로 피는 파릇한 잎새
어찌 그리 아름답고 신비로운지요
스치는 바람결에 살폿한 가지마다
포송포송 솜털 소복한
봄이 왔다오

그대여
이제는 마음의 빗장 풀어 보구려
팍팍한 가슴 고랑 고랑에
고운 햇살 솔솔 뿌려 보구려
껄끄러운 미움의 돌짝
날카로운 증오의 자갈
모두 골라 내던지고
사랑이라는 고운 순 한 포기
가슴에 심어 보구려

그대여
살랑살랑 부는 바람에
얼음장 녹는 소리 들어 보구려

마음의 상처 상한 심령
개운하게 씻겨 줄
봄비 한 자락 맞아 보구려
오 그대여
이제는 봄이 찾아 왔다오

자유

진저리치도록 아팠던 상처
마음 찢어지던 고통의 순간
이제 모두 다
사랑하기로 마음먹었다

송곳날처럼 찌르던 가시
진드기처럼 달라붙어 괴롭히던
오해와 불신의 주변도
이제는 모두 다
용서하기로 마음먹었다

비좁은 마음의 울타리
허무는 순간
쓰라린 마음 닦아내고
혼탁한 마음 바꾸어
생각의 틀을 깨뜨린 순간
이제는 완전히 자유해졌다

그 때는 몰랐는데

어둠이 길을 삼키고
쇳소리 바람에
세월마저 부스러져
죽음이라는 부엉이 울음소리만
깊은 산 중 울려 퍼질 때
숨이 멎어버릴 듯
토해낸 기도가
한 알의 밀알이 될 줄을
그 때는 미처 몰랐는데

삶이 쑥대밭처럼 헝클어져
세상이 분간되지 않을 때
절망이라는 바윗돌 굴러와
생의 싹을 짓이겨 버릴 때
피를 토하듯 울부짖던
그 애절함이
한 톨의 씨앗이 될 줄
그 때는 정말 꿈에도 몰랐는데

그 땐 그랬는데

움막 같은 단칸방 아랫목에
오순도순 살 부비며 살아갈 땐
초라해도 마음은 따듯했는데

들짐승 친구삼아 뒷동산 올라
야생화 꺾어들고 소리치던 그 땐
가난해도 마음은 넉넉했는데

아이가 아이답고 어른이 어른다운
어딜 가도 풋풋한 인심 후하던 그 땐
궁핍해도 마음은 훈훈했는데

그 땐 그랬는데

소나무

쓰러지지 않으려
시들지 않으려
거친 세월 버티고 견디어 온
아름드리 소나무

존재의 흔적마저 지우려
끊임없이 달려들어 갉아대는
해충들의 공격에
마음 지탱할 중심 잡으려
곧은 뿌리 내리고 선
허리 굵은 소나무

노출된 삶의 애로나
눈물 젖은 옷깃의 스침도
끈끈한 인연되어
두둑한 나이테 감아 두르고
진한 향 풍기고 선
뿌리 깊은 소나무

빵 한 조각

오늘이라는
빵 한 조각 받아 쥐고서
언제 어디서 누구와 먹어야
가장 소중한 맛을 즐길 수 있을까
날마다 누구에게나 주어지는
똑같은 시간의 빵 한 조각
어느 날은 고소하고 달콤하지만
어느 날은 씁쓰름하여 목이 메인다

하루하루 받아 삼킨 빵 조각들
세월 속에 숙성되고 부풀어 올라
먼 훗날
삶의 유효기간 끝나고
한 조각의 빵 필요 없는 날
그 날이 오면
하늘 문 앞에서 환호성 지를지
닫힌 문 밖에서 슬퍼하며 후회할지

『오늘』이라는
빵 한 조각 받아 쥐고서
넙죽 받아 삼키지 못한 채
조물조물 신중히 만지작거린다

안개

지상에 핀 보오얀 솜털
손에 잡힐 듯
온몸 휘감아 유혹하다
다가서면 알 수 없는 허무

길섶에 핀 민들레 순처럼
물오른 갯버들처럼
여리고 질긴 생이 있다는 것을
안개는 알고 있다

하릴없이
떠도는 뜬구름은 아니다
바람처럼 스쳐가는
무심함은 더욱 아니다

멀어진 듯 싶으면
새벽 여운으로 다가와
포근히 감싸 안는
보드라운 속삭임

보름달

내 마음에 놓인
징검다리 하나
그 다리 건너면
그리움이 있고
희망이 있다

그 다리 아래엔
망각의 강이 흐르고
추억의 섬이 있다

길고 긴 그 다리
수없이 건너고 거닐지만
언제나 환상의 다리

그 다리 곁에
깊숙한 분화구엔
부치지 못한 편지들이
기약없는 기다림이
차곡차곡 쌓여있다

나무

빼꾸기 소리 그리운 날
희미한 기억 울컥 솟으면
그를 만나러 산을 오른다

곧은 침묵으로 대지를 지켜 온
지상의 파수꾼

고요가 켜켜이 쌓일 때
앙상한 마음으로 다가서면
푸른 위로로 싱그런 향기로
나를 감싸 안는다

내 숨결 그의 속에
그의 숨결 내 속에
품고 살아야 할
숙명적 만남

아린 세월 보듬어 줄
그가 생각나면
오늘도
무작정 산길을 오른다

강물

때로는 백조처럼 잔잔하고
때로는 성난 파도처럼
요동치는 삶일지라도
그에게 가야할 길이다

천 길 낭떠러지 속에서
수초의 꿈은 부풀고
생사의 갈림길에서
연어의 생은 이어지 듯
물길 따라 가야하는
순례자의 길

여장부의 삶이다

새벽별

새벽별은 슬픈 눈동자

헐렁한 도로엔
비늘만 날리고 선 가로수
그 곁에
배웅하는 어미의 쓰라린 가슴이
안개에 젖는다

새벽별은 아픔 한 조각

빈 둥지 찾아와 뒤척이다
쓴 웃음만 남기고
떠나는 어린 새
그 곁에
서걱대는 낙엽처럼
서성이는 어미의 가슴이
바람에 시리다

※사랑하는 딸을 유학 보내며 쓴 시

그 여인

청순한 미소
촉촉한 눈망울의
동백아가씨
가슴 깊이 파고드는
애절한 마디마디
열아홉 순정의
그 여인

세월 흘러도
그녀는 늙어도
청랑한 목소리
그리움 사무치면
검게 탄 마음으로
아련히 그려보는
흑산도 아가씨

해당화 꽃처럼 고운 자태
온화한 성품으로
수많은 여인의 삶을
한 많은 여자의 일생을
노래로 달래준
수선화 같은
잊지 못할 그 여인

사랑은

사랑은 아픔이다
마음 찢어지도록 그립고
눈가 짓무르도록 울어도
마음 짠한 것
그것이 사랑이다

사랑은 희생이다
가슴 아리도록 아파도
뼈가 부서지도록 힘겨워도
힘든 줄 모르는 것
그것이 사랑이다

사랑은 인내다
가슴 미어지도록 괴로워도
손발 부르트도록 고달파도
참고 기다릴 수 있는 것
그것이 사랑이다

사랑은 처절하게 아프고
사랑은 쓰리도록 힘겹고
부서지도록 고달파도
버티고 견디어
달콤한 결실 거두는
그것이 참사랑이다

달맞이 꽃

한 줌 햇살도 없이
흥겨워 재잘거리는 새소리도
들리지 않는 어둠 속에서
촉촉한 이슬 받아 목축이고
노란 웃음 지으며
누굴 기다리나 달맞이 꽃

낮이면 세상 소음 시끄러워
귀 막고 잠잠하다가
해 질녘 언덕에 올라
풀벌레 소리에 맞추어
함께 부르는 사랑의 연가

달무리 핀 언덕
외로움인지 그리움인지
애증섞인 가난한 마음에
알싸한 향기로 다가서면
그제야 살며시 웃어주는
달맞이 꽃

제 2부 봄이 오는 길목

봄이 오는 길목

서슬 퍼런 계절의 칼날도
삼월 바람에 흐느적거린다
혹한을 이긴 여장부
발끝에 와 닿는
수온의 질척함에
촉촉히 목축인 씨앗들
눈거풀 들추고 주변을 살핀다

꽁꽁 언 삶의 거죽에
보송한 솜털 고르는
훈훈한 바람의 손길
서릿발 꺾인 자리
빙점을 헤매던 삼월 햇바람이
냉정히 북풍 떨쳐 보내고
허허로운 벌판 매만지고 있다

뻐꾸기 소리

어릴 적
알사탕처럼 오물거리던
뻐꾸기 소리
가파른 삶 속에
가물가물 잊혀 진 꿈들이
구름 헤집어 창공을 때린다
내 키보다 더 크고
내 생각보다 훨씬 높은
높은 가지 끝에서
날마다 외치던
칼칼한 목소리
봄이면 이산 저산
야심차게 뿌려놓은
꿈같은 고음의 메아리
아직도
쟁쟁하게 가슴을 헤집는다

사월

웅성웅성 들썩이는 지면에
파릇한 양탄자 깔리고 있다
꿈조차 얼어붙어
희망이라곤 찾아볼 수 없었던
황량한 벌판에 옹알이하는 씨앗들
생명이 움튼다

연둣빛 사월
생기발랄한 아지랑이 속으로
청순한 햇살이 활보한다
속살 파고드는 훈풍에
향긋한 바람 코끝을 자극하는
가슴 콩콩대는 사월
신선한 수액 내뿜는 가지마다
뽀글뽀글 생기 오른다
꿈이 싹트는 계절이다

봄이 왔건만

삭막한 도시엔 인기척 드물고
간간히 들려오는 구급차
싸이렌 소리 다급함이
적막한 하늘을 찌른다

평온한 삶 뒤흔드는
코로나19 바이러스라는 불청객
입성하는 봄 목덜미 움켜쥐고
공포의 칼자루를 휘두른다

순식간에 무너진 삶
가족을 빼앗긴 잔인하고
가혹한 봄
지금은
흐드러지게 고와야 할 봄이건만
멋쩍게 저 혼자 지나가는 봄
봄이 왔건만

잔인한 봄

향기 잃은 봄
문 닫힌 방안에 갇힌 채
가슴 조이는 불안과의 싸움
격리된 병상에 누워
다가오는 죽음과의 결투를 벌이는
잔인한 봄
누구하나 어루만져 줄
손길마저 차단된 공포 속
두려움에 떨다 꺼져가는 생명들
꽃잎 지듯 하나 둘 떨어진다
하직할 시간도 없이

경직된 방바닥에 누인
핸드폰 화면에
끊임없이 톡톡거리는
빨간 주의보
코로나 19 확진자 00명 발생
삶의 반경을 좁혀오는 바이러스가
봄답지 못한 이른 봄의 길목에
진을 치고 일상을 묶어버렸다

기침에 놀라고
재채기에 숨죽이고

마스크 한 장 의지한 채
세상이 시름시름 앓고 있는
잔인한 봄

빗소리 들으며

진초록 은행 잎새 위로
차분히 내리는 빗소리와
개구리 합창 어우러진
창가에 앉아
애타는 모정의 만남처럼
목청껏 부르짖는 외침들이
슬픔에 젖은 고통이 아님을
좀 더 깊이 듣고서야
알아차린 여유
서로 다름이 하나되어
잘 어우러진 논두렁 합창소리
쏟아지는 빗소리에
웅장한 오케스트라 어우러짐이
오늘은
유난히 준엄하고 진지하게
가슴을 두드린다

매미 소리

푸른 계절 깊어가는 소리
긴 어둠 뚫고 나와
광명 찾은 감격의 소리
이 날 위해 변신하며 인내해 온
심장 울리는 소리에
여름이 살찐다

하늘 찌르는 환희의 절정
오랜 기다림 끝에 외치는
절호의 기회
이 한 계절을 위해
숲을 가르고 창공을 메우는
목청 높은 매미들의 합창에
녹음은 더 짙어간다

팔월의 뜨락

한 모금의 수분이 그리워
갈증 난 삭정이 몸부림이 애처롭다
바람마저 피신한 팔월의 뜨락
주사바늘처럼 찌르는 땡볕에
축 늘어진 잎새들 신음 중이다

부정하기보다 반항하기보다
차라리 타들어가는 가슴 열어
목마른 삶 맡긴 채
뜨거운 열기로 도전하는
달구어진 팔월의 뜨락

불가마 방석삼아 깔고 누운
들마루 바닥 위로
줄줄 흐르는 땀줄기에
팔월의 뜨락이 흥건하다
뜨거운 바람마저 외출 중
하계의 절정이다

세상은 요란하다

멈출 기미 보이지 않고
연일 쏟아지는 폭우
야속한 장맛비

세상은 코로나로 점령당해
통행을 제한하고
흙더미 속에 묻혀
꿈틀거리는 절망 속에
반항인지 투항인지 맞서는 집회들

끊임없이 퍼부은 빗줄기에
온 세상은 축축한데
마음은 폭염처럼 이글거려
타들어가는 현실 앞에
폭발할 마음 진정시킬
건전한 생수 한 바가지 그립다

태풍 지나간 자리

하늘에서 수문을 열어
지상을 청소중이다
사정없이 몰아친 폭풍우에
고목들이 뽑히고
산허리 푸른 살점 떨어져
붉은 토사되어 흘러내린다
숲이 잘리어 나간다

성난 신의 징벌에
온 세상 뒤덮은 쾌락이
출렁대는 난간 위에서
줄타기하다 추락한
부와 명예 권세가
흙탕 물속으로 곤두박질 친다
속절없이 무너져 내린
숲과 들과 마을이
붉은 반죽되어
처절한 아우성소리에
세상이 절규한다

힘 좋은 사람들 숨죽인 채
어디서 무얼 하는지

연일 다투는 소리만 요란하다
태풍 지나간 흙더미 아래
넋 나간 서민들 한숨소리 쌓이는데
무익한 허세와 현란한 사치와
부패한 헛기침만
하늘 높은 줄 모르고 키 재기 하는
태풍 할퀴고 간 자리

어느 유명인의 죽음

매서운 바람 세차게 몰아치는
어느 겨울날
오랜 세월 군림하던
절대 권력자의 주검 위로
싸늘한 눈발이 날린다
핏기마른 앙상함으로
굶주린 배 움켜쥔 채
실신하듯 울부짖는 허구의 눈물들

금수산 길목 메운 창백한 군중들
차가운 눈발만이
번지르한 빙판 위에 쌓인다
영원히 생존하여 생계를 꾸려 줄
영웅이라 믿었는데
이 춥고 험한 날
죽음이란 이름 앞에
먼 길 떠나는 허무한 독재자

그토록 근엄하게
권력을 쥐고 흔들었건만
굳어져 가는 혈관 속
비밀히 투입시킬 특수 요원 하나

남기지 못한 채
속절없이 무너진 허상의 실체
꽁꽁 얼어붙은 도로 위로
절망만 두텁게 쌓으며
다시 못 올 길 떠나는
어느 유명인의 죽음

나의 길

외길을 걸어도 외롭지 않다
고독이 와도 고독하지 않다

끊임없이 공격해오는
삶의 장애물 앞에
흔들림 없이 힘차게 걸어
나의 길을 가리라

바람 불어도 두렵지 않다
눈보라 몰아쳐도 무섭지 않다

세월 곰삭아 밑거름 된
숙성된 탄탄한 길
그 길 따라 변함없이
내게 주어진 길 묵묵히 가리라

나의 삶

지난 삼십년의 세월은
길인지 늪인지 모른 채
허무와 절망으로 허기진
빈털터리 삶
고통과 아픔에 찌들은
눈물의 진흙탕 삶

이어진 삼십년의 세월은
무지와 무능의 껍질 벗어던지려
인내와 끈기로 도전한
시련의 험난한 길
미래를 그리며
달려 온 숨 가쁜 삶

남은 한 도막의 세월은
변화를 꿈꾸며
높은 이상을 향해
한 걸음 한 걸음
전진해 나갈 소망의 삶

가시나무 숲에서

가시나무 숲 한 가운데서
조금만 움직여도
이리 찔리고 저리 찔려
피투성이 몸으로
몸부림치며 살아간다
내 몸이 약한지
저 가시들이 드센지
몸을 뒤척일 때마다
뜯기고 찢겨 아파 신음한다

가시나무 숲은 아프다
사방으로 엉겨 뻗친 가시에
일어서려면 찌른다
걸어가려면 할퀴어 쓰라리다
상처 난 마음 가눌 길 없어
나만의 골방에 엎드려
목청껏 외치다보면
창공을 힘차게 가르며
울리는 종소리에 마음 평온해진다

가시나무 숲은 아프지만
가시나무 숲은 거칠지만
그 안에 가둔 나를 단련시킨다

장미넝쿨 아래서

사랑과 미움이 공존하고
선과 악이 맞물려
어우러진 테두리 안
선함도 보았고
악함도 맛보았다

마음 느슨해지면
스멀스멀 기어올라
갉아대는 악인들의 근성
허점 보이면 달려들어
들개처럼 공격하는
불신의 눈초리들

고운 울타리
화려한 장미넝쿨 곁에서
가시 언어에 찔리어
쓰린 상처 어루만지다
나 또한 남을 찌르는
날카로운 가시는 없는지
온몸 살피어 점검해본다

회상

비 오면 빗줄기 맞으며
바람 불면 바람 속에 버티며
폭발할 것 같았던 기쁨도
하늘 무너질 것 같았던 절망도
잘 추스려 툭툭 털고
차분한 감정 가다듬는다
절망의 바람 몰아치고
실망의 먼지 흩날려도
땀 젖은 옷깃 걷어붙이고
한 걸음 한 걸음 걸어 온
울퉁불퉁한 인생길

눈물과 쓴 뿌리 엉키어
도로 위에 뿌려놓은 진흙과
악물고 참아 굳어진 자갈돌
짓이겨 단단한 재료 되어
지금은 매끄럽고 완만한 길
길진 않지만 그리 짧지도 않은
세월 숙성되어
구수하고 살맛나게 걷는 길
또 걸어야 할 길

노송처럼

세상 흉흉하고 민심 사나워도
변함없이 청청한 노송처럼
땡볕 따가워도 발끝 시려워도
눈 깜짝하지 않고 당당한
푸른 노송처럼 살자
태풍 몰아쳐 뿌리 흔들고
소낙비에 젖어
온 몸 축축할 지라도
이 또한 지나가리라

고된 삶에 지친 철새들
쉼터 되어 준
믿음직한 저 노송처럼
푸른 꿈 잃지 않고
하늘 향해 변함없이 살자

달 밝은 밤

채우면 채울수록
부풀어야 하건만
채웠다 생각하면
다시 기울어지는
제 분수를 아는 달덩이

기울어질수록 어둠이지만
어두울수록
채움을 위한 몸부림
채우고 비우기를 반복하는
정확하고 욕심 없는 삶을
보고 또 보건만

달 밝은 밤
괜시리
부스럭대는 낙엽처럼
분주한 시간 들추어
달빛에 비추어 보며
비워야 할 것과
채워야 할 것들을
정돈해 보는
달 밝은 밤

깨달음

성숙한 것 같았는데
여기저기 구멍이 뚫려
줄줄 새는 나의 실수
인정하고 싶진 않지만
나도 모르게
잡초처럼 자란 건망증들

허술한 자신 부끄러워
가을비 내리는
창밖을 바라보다
어디에 떨어지든
낮은 곳 찾아
유유히 흐르는
강물의 흐름을 보고
번뜩 스치는 깨달음
낮아지자 겸손하자
흐르는 강물처럼
경건하게 순리대로
침묵하며 살자

내 고향 계룡

오붓한 마을 길목마다
옹기 같은 초가집 사라진지 오래다
반듯한 아스팔트 길따라
노오란 들꽃향기 폴폴 날리고
빼곡한 아파트 숲들이 울창한
내 고향 계룡

국사봉 등지고 고향 떠나올 땐
흰 구름만 두둥실 배웅해 주었는데
관제탑 불빛만 깜빡였는데
지금은 허허로운 벌판 가로질러
달리는 자동차 즐비하고
살찐 도로 휘휘 감아 이어진
어디나 달려갈 수 있는
뻥 뚫린 고속도로

힘없이 늙어 가던 마을은
국방을 책임지는
늠름한 청년들의 터전 되어
우렁찬 함성 울려 퍼지는 힘찬 도시
쉼 없이 쏟아지는 폭포수처럼
언제나 푸르고 젊은
자랑스런 내 고향 계룡

생일선물

한 아름의 선물 보따리
설레는 마음으로 리본을 푼다
살며시 박스의 뚜껑을 여는 순간
온 몸에 쫙 퍼지는
행복 바이러스

단장한 신부처럼
우아한 화장품 세트
건강한 미인으로 살라는
석류 농축액
사십 주년을 잘 살아주었다고
정성스럽게 마련한 남편의 선물
반짝반짝한 시계와 목걸이

손주 손녀의 코 묻은 선물
파우치와 수첩
오순도순 살아온 육남매의 우애와
사랑이 가득 담긴
손수 누벼 만든 이불세트
화려한 꽃다발과 케익과 축하 글

가을로 접어드는 인생의 길목에서
길은 험하고 고통은 길었지만

절망의 잡초들 뽑아 던지고
무지의 장애물 뛰어넘으며
무던히 견디며 헤쳐 온 길

축복의 촛불 밝히며
행복의 폭죽 터트리는
억수로 기쁘고 기분 좋은 날

친정어머니

열여덟 꽃다운 나이에
가난한 촌부의 아내가 된
콩쥐 처녀

가난을 잊으려
등꼴 오싹한 산길을
우상의 제물 싸들고
정신 팔렸던 젊은 시절
가난의 쳇바퀴만 수없이 돌려댔다

일흔 다섯이 생의 기한이라고
세뇌이던 허구자의 예언을
철썩 같이 믿으며
일심정성을 들인 허송세월들
일흔 여섯의 생이 시작되던 날
속아 살아 온 일생을 후회하며
굽은 인생에서 발길을 돌리었다

관절을 후벼대던
꼬챙이 아픔 사라지고
연장된 아흔 넷의 삶을 맛보며
오늘도

처녀적 풀피리 소리 같은
새벽 종소리에 끌려
새벽별 주우러 가는
천사 같은 늙은 아이

네 잎 크로바의 비밀

먹구름은 천둥을 치고
천둥은 고함을 지른다
허허로운 벌판에 미동 없이
초연히 하늘만 바라보는
초록 풀잎

혈기 부리는 태풍 눈초리에
맥 빠진 몸 짓눌리면
잔바람에 식은 땀 닦아내고
한 숨 돌리는 순박한 소녀

비록 척박한 땅일지라도
햇살 바라보고 자란
네 잎 크로바
비밀 밝혀지는 날
그 이름
별빛같이 빛나리라
별빛같이 빛나리라

제 3부 가을 사랑

시인의 계절

청옥 빛 하늘 유난히 깊어
오감을 자극하는 날
땡볕 수없이 스쳐간 간 자리에
우우 노래하는 갈대숲
능금 향 갈바람이 살갑게 스친다
들판에 익어가는 살찐 시어들
뚝뚝 떨어지는 물감에 젖어
주체 못할 감성이 알록달록
가슴을 물들인다

점점 깊어가는 가을
성숙한 시인의 계절이다
밟히는 낙엽 소리마저
아름다운 멜로디요
햇살에 당도 높이는 소리
마음껏 달콤하고
사랑이 무르익는 풍요로운 계절
가을은 시인을 낳고
시인은 가을을 먹는다

가을이 오면

가을이 오면
짓무른 영혼과 마음
소슬바람에 씻어버리고
과실에 막 살 오를 때
단내 나는 그리움으로
그대를 기다리리

가을이 오면
분주한 잡념들
솔바람으로 날려버리고
낟알에 속살 통통할 즈음
설레는 그리움으로
그대를 기대하리

가을이 오면
땀내 나는 축축한 마음
갈바람으로 헹구어내고
향긋한 그리움으로
그대를 맞이하리

가을 사랑

고즈넉한 언덕
밤송이 쩍쩍 벌어지는 산길
곱게 물든 단풍잎에서
뚝뚝 떨어지는 애틋한 사연들
혼절토록 멋스러운 색체의 조화
아름답다는 말로 표현하기
가슴 벅찬 불타는 가을
이 아름다움 톡톡 터질까 봐
조심조심 걷는다

청옥 빛 원단에
곱게 수놓은 한 폭의 산수화
호화로운 계절
오감을 자극하는 설레임은
나만의 짝사랑인가
황홀한 색감에 물든
맛깔나게 삭혀야 할 가을정취
이 아름다움을 어이 할꼬
이 찬란한 계절을 어이 할꼬

가을의 기도

한 줌의 햇살도 맛깔스런 계절
그리울 때 그리워할 수 있고
기대고 싶을 때 기댈 수 있어 좋은

이슬방울보다 청아한 고백
방울방울 모아
마음의 텃밭에 뿌려봅니다

달작지근한 육질 속
단단한 씨앗의 소망이
풍성한 소망이기를

쏟아낸 언어들이 소통되어
진실한 인연이 되는
그런 계절이게 하소서

소쩍새 울음

숲의 적막을 모아
가슴 헤집는 소쩍새 소리
밤마다 부르짖는 소리
깊어가는 가을 밤
그 누가 들어주련만
이 산 저 산 긁아대는
모두가 잠든 밤
고독을 깨뜨리는
아련한 소리가
동심의 군불을 지핀다

수숫대 흔들리는 바람 소리에
잠 못 이룰 때
소녀의 등 긁어주던
엄마의 손길처럼
구수한 자장가 소리되어
창틈을 넘나든다

가을 문턱에서

추억을 잘근거리는 바람에
흩날리는 아쉬움
낙엽 태우는 구수한 계절
찌는 더위 무던히 견디고
천연의 향 몰고 온 갈바람

바람처럼 스쳐간 날들이
잃어버려도 좋을 만큼
소홀하지는 않았는지
청량한 바람의 신선함에
살갗을 부비는 감촉이 새롭다

그을린 대지에 생기 돌고
옹골진 알곡들 속살 찌운다
인생의 가을 문턱에 서서
희끗한 머리카락 날리는
시월 바람에
짙어가는 계절 음미하면서

들꽃 향기

들꽃 향기에 취해
들길을 걷노라면
동심의 향기 코끝을 자극합니다
들국화 야들거리는
고즈넉한 길
미류나무 끝에 걸어둔
소망의 편지들 생각납니다

들꽃향기를 맡으면
꽃길에 뿌려 둔 뽀얀 입김들
포자되어 날리던 낭만의 길
개울가에 소곤소곤
웃음보따리 풀어헤칠
추억의 친구들 생각납니다

훤칠한 억새풀 헤치며
키 보다 더 높은 소망 찾으려
휘휘 저어 숨바꼭질하던
언덕배기 그립습니다
진한 들꽃 향기에 취해
동산에 올라보니
어느새 무르익은 누런 들판에
나의 삶도 도란도란 물들어갑니다

코스모스

여리고
가냘픈 여인들
꼭 안아주고 싶어도
망설였는데
연거푸 몰아친
태풍의 위력에도
당당히 일어서 하늘거린다
바람 불면 쓰러질까
빗물에 짓무를까
차마 다가설 수 없어
먼발치서
바라만 보았는데

진홍 꽃 자욱히 모여
질서 있게 율동하는
수줍은 소녀들
파란 하늘 아래
상큼한 바람 따라 우우
추억의 노래 부르는
풋풋한 소녀들

가을은 나를 설레게 한다

단풍 짙어 화려한 오후
가을을 마시러 나섰다
언덕에 무리지은
훤칠한 억새풀
걷는 길 따라 요란하지도
화려하지도 않은 우아한 들국화
정감어린 황토길 낙엽을 밟으면
푸근한 만추의 기쁨
가을은 나를 설레게 한다

오감의 눈 번쩍 뜨이고
반죽 부풀어 오르듯
극치의 아름다움에
감성어린 심장 두근거린다
가을은 나의 감성을 부축이고
분출하면 할수록
내 마음 사로잡는다
가을은 나를 설레게 한다

들녘을 바라보며

빨리 어른이 되고픈
아득히도 먼
꿈같은 세월이었는데
나이테 굵은 세월의 뒤안길에서
행여나 허송세월 바람에
날리고 있지는 않은지
뜨거운 열기도
한 순간의 젊음도
시간이란 꾸러미에 엮어
허리춤에 달고
누런 들판 바라보면
익어가는 내 마음도 출렁거린다
청명한 하늘 아래
울컥울컥 넘어오는 시어들
가슴에 담아둘 겨를도 없이
곱상한 언어 표현할 여유도 없이
그냥 흘려 보내야하는
알록달록한 시간들이 아쉽다

그녀를 보면

그녀를 보면
촉촉한 눈망울 사슴이 생각난다
철없는 시절 철없는 남편 만나
모진 세상 살아보겠다고
힘겹던 시절 훌쩍 보내고
까무잡잡 갸름한 얼굴엔
흘러온 세월을 말해준다

그녀를 보면
왠지 짠한 마음에 눈물이 난다
험한 세상 고된 삶으로
마음 둘 곳 없어 방황하다
젊은 시절 외롭게 보낸
그녀를 보면
꼬옥 안아주고 싶은 마음이 든다

그녀를 보면
힘찬 박수를 보내고 싶다
험난한 세상과는 거리가 멀 것 같은
빛나는 화색 향기로운 언어로
마음에 위안을 주는 그녀를 보면
왠지 마음 푸근해진다

벤치에 앉아

누굴 기다리는가
노란 은행잎 포개 앉은
양지바른 벤치에서
산새 날아와 구애하는
널직한 원목판 위에
언제부터인가
바람 붙잡고 말없이 걸터앉아
세월 헤아리는 묵묵함

짙게 물들어가는
경이로움에 흠뻑 취해
마음도 언어도 붉게 물들어
잠시 쉬었다가는 연인들
낭만이 주제가 되고
사랑이 무르익어
행복한 언어 쏟아지는
햇살 수북한 벤치에 앉아

연말연시를 보내며

시간이란 존재는
손에 쥔 순간부터 녹아내리는
아이스크림 같아
순간순간이 최고의 정점이다
분주하게 산 것 같은데
잰걸음 치는 석양 바라보며
한해를 돌아보니

수북이 쌓인 낙엽처럼
부스럭대는 소리만 요란해
야무지게 익은 과실 많지 않다
알차게 보낸 시간들이라
뿌듯했는데 아직 덜 익은 과일뿐
돌아오는 새해엔
실속 있는 시간 골고루 심어
달근한 과육 한 아름 담아 볼
큼직한 마음의 광주리 하나
손질해 두련다

아직은

험난한 바다 위
이글거리는 태양 있음에
아직은 실망할 때가 아니다

출렁대는 파도 위
금빛 물결 반짝거림에
아직은 좌절할 때가 아니다

검푸른 물결 너머
솟구치는 희망 있음에
아직은 포기할 때가 아니다

요동치는 바다 위
멀리서 다가오는 고깃배
뱃사공 힘찬 노랫소리 들으니
아직은 꿈을 접을 때가 아니다

새벽이 오고 있다

새벽이 오고 있다
새로운 하루가 팔딱거린다
밤새 정담을 나눈 샛별들
아직 초롱한 눈빛이다

침침한 외곽 도시 하늘에
무리지어 이동하는 겨울철새들
새벽이 포시시 기지개를 펴고 있다

훈련병 깨우는
기상 나팔소리
골짜기 뒤흔드는
새벽 종소리에
나의 청량한 하루도
활짝 열리고 있다
반경을 넓혀오는
여명의 함성에
포올짝 놀라
달아나는 어둠들
밝아오는 햇살에
세상이 꿈틀거린다
새벽이 반짝거린다

희망의 아침

숨 쉴 때마다 또르르
맺히는 맑은 생각들
청옥 빛 하늘처럼 높은 이상들
수평선 물살 퉁기며
불일 듯 튀어 오르는 붉은 열정
거대한 희망의 아침이다

풋풋한 대지의 생기와
촉촉히 내린 이슬의 만남
내일이 오늘되고
오늘이 어제되는
변함없는 순리의 반복 속에
새벽을 깨우는
부지런한 향기가 다르다

청명한 아침 기도가
풀어놓은 실타래처럼
하늘로 폴폴 올려가는
신선한 아침이다

아직 팔딱거리는
심장의 두근거림 보면
오늘 하루도

마음껏 기대해볼 만한
희망찬 아침이다

호두알처럼

이 시대
겉은 단단하고
속은 인간미 넘치는
훈훈함으로
알찬 삶을 사는
이 어디 있을까
만만치 않은 세상
자존심 두툼하다고
고상한 지식 많다고
존경받을 수 없어

오물인지 약물인지
분별치 못해
동지가 원수 되어
죽고 죽이는
요란한 세상

외세에 끄떡없이
겉은 단단하고
속은 누구도 맛낼 수 없는
고고한 인품으로
알찬 속 들어찬 호두알처럼
혜성같이 나타나

어지러운 세상 진두지휘할
야무진 인물 어디 없을까
화려함 없고 냄새도 없는
단단한 호두알처럼

모닝커피를 마시며

하얀 머그잔에
끓는 사랑이 융화되는 순간
고운 입자의 생에
변화가 일어난다

자존심 하나로 살아 온
자잘한 알갱이 사르르
허물어지며 어우러진다

흐른 세월 텁텁한 경계도
뭉쳤던 가슴의 응어리도
은은한 향이 되어
오묘한 맛을 더해 준다

약간의 씁쓸함도
고소한 추억의 향기로
빙글빙글 감도는 여운

그윽하게 퍼지는
감미로운
헤이즐럿 한 잔에
삶이 향기롭다

고구마와 커피

어울릴 것 같지 않은
어색한 파트너인 줄 알았는데
환상의 콤비다

햇살 따스한 창가에 앉아
김이 모락모락나는
포슬포슬한 고구마와
진한 커피 한 잔을 마셔보라

살포시 부서지는 고구마 한 입
입 안에 가득 무는 순간
고소함에 온 몸이 푸근해진다
목이 살짝 메일 즈음
향 좋은 커피 한 모금 마시면
달근함과 고소함의 만남
뜻밖의 콤비가 된다

어색한 것 같지만
서로 다른 맛을 보완하며
어우러진 환상의 파트너
고구마와 커피의 오묘한 맛에
두터운 마음의 벽
사르르 허물어진다

해바라기

그리운 사람끼리
반가운 사람끼리
긴 해후의 기쁨도 아니면서
늘 웃고 서 있다
그저 좋은 일만 있는 것 아니라
늘 웃으니 행복해 보인다
세상이야 어지럽든 말든
오직 해만 바라보며
까무잡잡한 씨앗 알차게 익히며
웃음 짓는 얼굴엔
슬픔이란 찾아볼 수가 없다

허허로운 세상
높은 키 훌쩍 세워
하늘 뜻 받드는
후덕한 큰 얼굴
세상 풍문 귀 가려우면
껄껄 웃고
거짓 바람 불어와 흔들면
허허 호통쳐 보내고
함박웃음 짓고 선
해를 닮은 해바라기

해산의 고통보다 더한 그리움

자궁 문이 열리려면
지구가 깨질 듯한 통증
시간이 멈출 것 같은 두려움
숨이 멎을 것 같은
찢어지는 아픔에
삶과 죽음의 문턱을 넘나드는
순간순간을
이를 악물고 참아야 하는
고통 중에 고통인 것을
그런 산고의 아픔을 이겨야
내 몸의 일부인
사랑스럽고 신비한
생명의 탄생을 볼 기쁨에
모성의 근성으로 견디고 버틴다

그토록 아픔으로 낳은
천하에 없는 귀한 자식을
본인 아닌 온 인류 위하여
죽음에 내준 깊은 사랑을
털 끝 만큼이라도 안다면
손톱만큼이라도 갚을 수 있다면

해산의 고통보다 더한 그리움으로

순결한 신부처럼 단장하고
간절히 사모하고 고대하며
기다려야할 날들인 것을

기도원에서

죽음의 덫에서 벗어나려 기적을 찾아
마지막 희망을 기대해 보는 곳
넓은 세상이라지만 작은 몸 의지할 곳 없어
애원하는 눈물의 기도가 처절한 곳
세상에 밀리어 온 것 같지만
창조주의 섭리와 세밀한 계획임을 안 순간
부패한 마음 쌓은 죄와 허물 툴툴 털어버리고
삶의 진리를 깨닫고 감격에 젖는다
메마른 심령 갈급한 영혼의 갈증 해소하고
가벼이 돌아서는 얼굴마다 오색 단풍처럼 화사하다
행복은 찾는 자의 열매요 꿈꾸는 자의 선물인 것을
무거운 십자가 지고 오른 기도원에 세상 짐 다 맡기고
하산하는 사람들 얼굴은 둥그런 보름달이다

그리움의 시학
-유태영 제2시집 『해산의 고통보다 더한 그리움』에 부쳐

이 영 지
시인 · 문학박사 · 철학박사

1. 그리움의 서정성

유태영 시인의 제2시집『해산의 고통보다 더한 그리움』발간을 진심으로 축하한다. 유태영 시인은 유독 수줍고 여성다운 수선화 같은 매력을 지닌 문예창작 전공자로서의 면모를 유 시인은 잘 가꾸어 나간다.

유 시인이 첫시집『네 잎 크로바의 비밀』(2009)을 발간하였을 때 홍문표 비평가는 '행복함에 대한 간증 시'라는 제목으로 유 시인의 시의 세계를 평하였다. "행복을 찾는 비밀을 포근하고 따뜻한 서정성 이야기 시"라고 평하면서 유 시인의 신화적 삶의 성공담이기도 하며 그리움의 고향을 향한 순수한 서정성을 바탕으로 한 체험적 성공의 삶을 노래한 서정 시인이라고 평하였다. 유 시인의 이러한 시적 고향은 신앙인으로서의 복 받는 사랑스러운 신부의 이미지를 창출하여 복 받음의 근원을 절대자인 하나님에의 신부로 승화시키는 간증의 시들이라는 홍문표 지도 교수로부터 정확한 평을 받았다.

유 시인은 시에 대한 그리움을 품은 채 다시 신학교 4년, 대학원 2년이란 세월을 보내고 지금은 오산리 최자실 기념 금식기도원 사역자로 봉사하고 있다. 이러한 신학전공 바탕과 문예자격지도자로서의 겉과 속을 다 갖춘 시인의 삶은 더욱 깊은 신앙의 깊이와 학구적인 자세를 갖춘 유 태영 시인의 삶이다.

이번 제2시집『해산의 고통보다 더한 그리움』은 유 시인의 삶의 성공 비결을 엮어 내려갔다. 가슴에 간직한 고운 순리의 그리움별이 뜨는 시학을 알고 있어서이다.

유태영 시인의 제2시집『해산의 고통보다 더한 그리움』 시집은 제1부 '아침 산책길' 제2부 '봄이 오는 골목' 제3부 '가을사랑'으로 나뉘어 져 있다. 1, 2, 3부 모두 그리움의 정서를 물씬 풍기는 이미지들이다. 더 나아가 유태영 시인의 이번 제2시집의 특징은 한 시 안에 그의 온 생애가 여리고성을 얻은 성공담의 스토리로 엮어지는 중층리듬에 있다. 시 한편 한편이 유 시인의 생애 이야기로 다 녹아 그 결정체를 이루고 있다. 시 한편 한편이 스토리 시를 만드는 중층리듬이어서이다. 이러한 특징은 신학 전공 학구열을 지닌 현직 사역자로서의 여리고성을 얻은 시라는 점이다. 아울러 유 시인의 신적 구원의 기쁨이 들어있는 체험의 시라는 말이다. 이러한 주제가 고도의 이미지 시로 구성되어 있다.

가장 대표적인 시「아침 산책길」을 필두로 『해산의 고통보다 더한 그리움』시집은 시작되고 있다.

뻐꾹새 소리가 창문을 두드린다

초록 잎새 반짝이는
반듯한 거목 사이로
상큼한 촉수되어
분주한 일상을 콕콕 쪼아댄다
가슴 깊이 접어 둔 화선지에
새 삶의 밑그림을 그려본다
이곳에 두시려고
그토록 걸죽한 진흙탕 속을
울퉁불퉁한 자갈밭 길을
맨 발로 걷게 하시었던가

이제는 단단한 발바닥으로
어디를 가나 무엇을 밟으나
아파하지 않고
무딘 것 같으나 예민하게
낡은 것 같으나 새롭게
어색함 없는 어울림으로 살으려
상큼한 공기 흠뻑 들이키며
산책로 따라 걷는다

– 「아침 산책길」

성공의 뜨락에서 쓴 연역법을 가진 시집 전체의 첫 시작 차례이다. 현재의 모습이 투영된 해산의 고통보다 더 한 그리움을 얻은 시인의 승리 기쁨이 들어 있는 일상이「아침 산책길」시이다. 지난 세월이 지금에는 "이제는 단단한 발바닥"으로 녹아 있다. 중층리듬으로 녹아있다. 과거가 클로즈업되고 있다.

아침이나 새벽이나 모두 일생주기에서 보면 봄이다. 그리고 하루의 주기에서 보면 새벽이다. 이 때문에 유 시인의 하루 첫걸음은 새벽종소리에서 시작된다. 그리움의 원천이미지이다.

유 시인은 「새벽 종소리」 시를 통해 그토록 그리운 태고의 신비의 소리를 듣고 있다.

새벽 종소리
태고적 신비의 소리
고요함 가르는 생명의 소리
돌고 돌아 달려 온
숨 가쁜 세월 속에
가슴 깊이 묻어 둔
추억의 종소리

산등성 넘어
새벽이슬 맞으며
꿈속에 들려오던
투명한 울림이
소녀의 귓전을 스쳐
바람에 실려 갔건만

세월 지나
햇살처럼 번져 오는
엄숙한 떨림은
선한 가시 되어
텁텁한 마음 콕콕 찌른다

– 「새벽 종소리」

유 시인이 그리움을 되찾는 신화적 주인공이 될 수 있는 것은 라딘 박사가 주장한 영웅 주기 리듬에서 그것도 하루의 주기에서 새벽에 일어나 새벽종소리를 따라 움직이는 영웅

만들기 리듬의 시작이다. 유 시인의 새벽종소리는 “숨 가쁜 세월 속에/ 가슴 깊이 묻어 둔/ 추억의 종소리”이다. 새벽종소리가 있던 곳은 “산등성 넘어/ 새벽이슬 맞으며/ 꿈속에 들려오던/ 투명한 울림이/ 소녀의 귓전을 스쳐/ 바람에 실려 갔”던 곳이다.

이처럼 새벽은 유 시인에게 있어서 최대의 그리움의 투사체이다. 그런데 특이한 일상이 드러난다. 새벽종소리는 훈련병 깨우는 기상나팔소리이다.

> 훈련병 깨우는
> 기상 나팔소리
> 골짜기 뒤흔드는
> 새벽 종소리에
> 나의 청량한 하루도
> 활짝 열리고 있다
> 반경을 넓혀오는
> 여명의 함성에
> 포올짝 놀라
> 달아나는 어둠들
> 밝아오는 햇살에
> 세상이 꿈틀거린다
> 새벽이 반짝거린다

– 「새벽이 오고 있다」에서

유 시인의 일생에서 새벽이 해산의 고통보다 더한 그리움이 되는 것은 그곳에 새로운 하루가 팔딱거리고 그래서 지금의 유 시인이 있을 수 있기 때문이다.

이러한 이력은 유 시인 어머니에게서 투영되어 있다. 이 태고의 그리움의 지속선상은 놀라운 축복의 순간으로 다가온 기적이다. 이 기적은 유 시인의 어머니의 75세가 지닌 헛 살아온 생애가 벗어지는 76세의 새벽종소리에서 새가 포르르 날고 있다.

열여덟 꽃다운 나이에
가난한 촌부의 아내가 된
콩쥐 처녀

가난을 잊으려
등꼴 오싹한 산길을
우상의 제물 싸들고
정신 팔렸던 젊은 시절
가난의 쳇바퀴만 수없이 돌려댔다

일흔 다섯이 생의 기한이라고
세뇌이던 허구자의 예언을
철썩 같이 믿으며
일심정성을 들인 허송세월들
일흔 여섯의 생이 시작되던 날
속아 살아 온 일생을 후회하며
굽은 인생에서 발길을 돌리었다

관절을 후벼대던
꼬챙이 아픔 사라지고
연장된 아흔 넷의 삶을 맛보며
오늘도
처녀적 풀피리 소리 같은
새벽 종소리에 끌려
새벽별 주우러 가는
천사 같은 늙은 아이

－「친정어머니」에서

시인 어머니의 과거가 벗어지고 처녀 적 풀피리 소리 같은 새벽종소리에 끌려 새벽별 주우러 가는 천사 같은 어머니의 새벽이 유 시인에게서 어머니에게로 동일곡선을 그린다. 마치 새가 포르르 날듯이 날고 있다. 그리움의 핫라인으로 닥아 오고 있다. 어머니의 기적적인 새벽기도 가는 길 새벽은 유 시인의 그 기나긴 여정에서 가장 소중하고 그리고 축복받은 그리움의 동일체다.

그로 하여 화려한 현재의 새벽은 만선의 깃발 휘날리며 힘차게 들여오는 뱃고동 소리 청각리듬을 들려준다.

뱃고동 소리가 새벽을 깨운다
찌든 삶의 앙금
짭조롬한 바닷물에 헹구어내고
만선의 깃발 휘날리며
힘차게 들려오는 기쁨의 소리

얼마나
아프고 시린 세월 견디고서야
저 넓은 마음 품을 수 있을까
얼마나 깎아내고 부서져야
저 푸른 설레임으로 출렁거릴까

때때로 돌변하는 해풍에
거칠면 거친 대로
잔잔하면 잔잔한 대로
묵묵히 받아주고 포용하는
광활한 아침바다

– 「아침 바다에서」

유 시인의 제2시집은 아침과 새벽과 새벽길과 새벽종소리가 속 깊은 보리 순이 되고 그리고 구겨진 잎새 툭툭 털고

꿋꿋하게 일어서는 햇살 한 대접 들이키는 새봄으로 압축된다. 봄을 맞은 유 시인의 축복받음은 해산의 고통보다 더한 그리움을 얻은 마음의 즐거움 지속선상에 있다. 이 그리움의 정체는 유 시인의 생애가 있는 지난날의 기록에서 결코 벗어날 수 없는 지난날의 이력으로 존재한다.

유 시인의 그리움의 정체가 「보리순」 시에서 드러난다.

휘몰아치는 눈보라 속
언 가슴 쓸어안고
희망의 잔뿌리 키우며 살아간다
삶이 비록
시리고 아플지라도
무던히 일어나 마음 추스린다
세찬 바람 몰아쳐
가녀린 생 짓밟아도
긴 겨울
오금 저려 답답했을지라도
구겨진 잎새 툭툭 털고 일어선다
한파 몰려와
열악할수록 단단해지는
속 깊은 보리순 처럼
꿋꿋하게 일어나
햇살 한 대접 들이키고
새봄을 맞이한다

– 「보리순 처럼」

시 「보리순 처럼」의 동일화를 통해 자신의 그리움 정체는 "꿋꿋하게 일어나/ 햇살 한 대접 들이키고/ 새봄을 맞이"하는 유 시인의 생애이다.

유 시인 그리움의 가장 소중한 점은 지금의 그리움을 가진

만족감 보다 오히려 이를 계기로 자신을 돌아보며 그리움의 정체를 소중하게 간직하고 가다듬는데 있다.

오늘이라는
빵 한 조각 받아 쥐고서
언제 어디서 누구와 먹어야
가장 소중한 맛을 즐길 수 있을까
날마다 누구에게나 주어지는
똑같은 시간의 빵 한 조각
어느 날은 고소하고 달콤하지만
어느 날은 씁쓰름하여 목이 메인다

하루하루 받아 삼킨 빵 조각들
세월 속에 숙성되고 부풀어 올라
먼 훗날
삶의 유효기간 끝나고
한 조각의 빵 필요 없는 날
그 날이 오면
하늘 문 앞에서 환호성 지를지
닫힌 문 밖에서 슬퍼하며 후회할지

『오늘』이라는
빵 한 조각 받아 쥐고서
넙죽 받아 삼키지 못한 채
조물조물 신중히 만지작거린다

-「빵 한 조각」

난 울었다
스멀스멀 끓어오르는
쓰디 쓴 오물 쏟아내며
뜨거운 눈물
소낙비처럼 쏟았다

달콤한 유혹이
보암직하고
먹음직스러워
아삭아삭 삼켜버린
죄악 덩어리들
토해내지 않고는
견딜 수 없어
몸부림치며 목 놓아 울었다

단단한 자아의 열매
반질한 교만과
아집의 뿌리들을
송두리째 뽑아 던지고
비늘 벗어진 눈으로
세상 바라보니
풀잎이 풀잎처럼
꽃이 꽃처럼 아름다워
견딜 수 없는 행복에 겨워
난 또 펑펑 울고 말았다

－「난 울었다」

지나온 삶의 이미지 해산의 고통은 견딜 수 없을 만큼 아팠지만 그 때문에 오히려 지금의 행복이 "풀잎이 풀잎처럼/ 꽃이 꽃처럼 아름다워/ 견딜 수 없는 행복"에 도달한 그리움의 참모습을 찾은 행복감이 유 시인에게 있다. 펑펑 울정도의 기쁨의 눈물이 있다.

2. 그리움

지금의 여리고성을 얻은 나날들은 지난날의 그리움을 하나하나 주워 모아 소중히 유 시인의 인생이기에 모아 두어 고이 간직했기 때문이다.

그대여
이제는 마음의 빗장 풀어 보구려
팍팍한 가슴 고랑 고랑에
고운 햇살 솔솔 뿌려 보구려
껄끄러운 미움의 돌짝
날카로운 증오의 자갈
모두 골라 내던지고
사랑이라는 고운 순 한 포기
가슴에 심어 보구려

– 「그대여」 에서

쓰러지지 않으려
시들지 않으려
거친 세월 버티고 견디어 온
아름드리 소나무

– 「소나무」 에서

비오면 빗줄기 맞으며
바람 불면 바람 속에 버티며
폭발할 것 같았던 기쁨도
하늘 무너질 것 같았던 절망도
잘 추스려 툭툭 털고

– 「회상」 에서

하나하나 모아 옥구슬로 꿰어 가슴에 간직한 그리움들이

그대로 꽃이 피고 새가 웃는 웃음꽃을 피운다.
유 시인을 닮은 「산수유」 시가 있다.

처절한 목마름으로
바람에 채이고
눈보라에 휘청이던 가지마다
샛노란 웃음꽃 피었다
섬세한 감성으로
무딘 감각 흔들어 깨우는
봄의 전령사
가지런히 떨어트린
향수 한 방울에
온 세상이 향기롭다

보일 듯 말 듯 하늘거리는
작은 꽃술 안에
세상 수놓을 여유 가득하다
바람 스치는 언덕마다
수줍은 처녀 엷은 미소로
샛노란 실루엣 날리고 서있는
산 수 유

－ 「산수유」

소녀 이미지를 지닌 유 시인 닮은 「산수유」 시다. 유 시인은 언제나 늘 엷은 미소를 지니고 있는 현재의 유 시인이 있다. 늘 청순한 이미지의 시인이다. 외유내강의 유 시인의 그 외모가 풍기는 가냘픈 미소 안에는 이 세상의 삶을 그리움으로 채우는 열정이 「그 여인」 시 속에 강하게 투사된다.

청순한 미소
촉촉한 눈망울의

동백아가씨
가슴 깊이 파고드는
애절한 마디마디
열아홉 순정의
그 여인

세월 흘러도
그녀는 늙어도
청량한 목소리
그리움 사무치면
검게 탄 마음으로
아련히 그려보는
흑산도 아가씨

해당화 꽃처럼 고운 자태
온화한 성품으로
수많은 여인의 삶을
한 많은 여자의 일생을
노래로 달래준
수선화 같은
잊지 못할 그 여인

– 「그 여인」

유 시인은 고운 외모 자태를 유지하면서 때로는 해당화 꽃처럼, 때로는 흑산도 아가씨처럼, 동백아가씨가 되어 있다.

열정의 외유내강의 충청도 아가씨 유 시인의 그리움 진가는 「뻐꾸기 소리」에 있다.

어릴 적
알사탕처럼 오물거리던
뻐꾸기 소리
가파른 삶 속에

가물가물 잊혀진 꿈들이
구름 헤집어 창공을 때린다
내 키보다 더 크고
내 생각보다 훨씬 높은
높은 가지 끝에서
날마다 외치던
칼칼한 목소리
봄이면 이산 저산
야심차게 뿌려놓은
꿈같은 고음의 메아리들
아직도
쟁쟁하게 가슴을 헤집는다

– 「뻐꾸기 소리」

가냘픔의 외모가 풍기는 유 시인의 내부에는 시인의 표현대로 '야심차게 뿌려놓은 꿈같은 고음의 메아리들'이 있다. 이 꿈같은 고음의 메아리를 이제 온 산에 뿌리고 있다. 이 야심차게 뿌려놓은 꿈의 메아리들의 진가를 발휘하고 있다. 지금의 유태영 시인은 최자실 기념 금식기도원에 근무하는 사역자이다. 이산 저산 야심차게 「뻐꾸기 소리」 시로 기도원을 메운다. 삶의 향기를 따끈히 우러나오는 사역자이다. 「사랑은」 시에서처럼 마음 짠한 그리움을 키워내고 그리고 희생이 있다. 힘겨워도 힘든 줄 모르는 사랑이 있다. 유 시인은 그리움의 정의를 신학 여성으로서의 사랑을 실천한다. 인내를 앞세운다. 기어이 얻어내고야 마는 달콤한 결실 거두는 참사랑으로 행복해 한다. 해산보다 더한 그리움을 얻고야 마는 시인이다.

3. 그리움을 소중히 간직한 삶

진정 그리움을 찾는 시인은 삶을 아름답게 만든다. 삶에 여유가 있다. 서정의 그리움을 간직한다. 해산의 고통보다 더한 그리움을 간직한다.

> 홀가분하게 떠나는 기차 여행
> 근사한 약속
> 거창한 계획은 없어도
> 자연 찾아 떠나는 나만의 여유
>
> — 「기차여행」에서

> 청옥 빛 하늘 유난히 깊어
> 오감을 자극하는 날
> 땡볕 수없이 스쳐간 간 자리에
> 우우 노래하는 갈대숲
> 능금 향 갈바람이 살갑게 스친다
> 들판에 익어가는 살찐 시어들
> 뚝뚝 떨어지는 물감에 젖어
> 주체 못할 감성이 알록달록
>
> — 「시인의 계절」에서

> 과실에 막 살 오를 때
> 단내 나는 그리움으로
> 그대를 기다리리
>
> — 「가을이 오면」에서

> 황홀한 색감에 물든
> 맛깔나게 삭혀야 할 가을정취
> 이 아름다움을 어이 할꼬
> 이 찬란한 계절을 어이 할꼬
>
> — 「가을 사랑」에서

한 줌의 햇살도 맛깔스런 계절
그리울 때 그리워할 수 있고
기대고 싶을 때 기댈 수 있어 좋은

이슬방울보다 청아한 고백
방울방울 모아
마음의 텃밭에 뿌려봅니다

– 「가을의 기도」 에서

동산에 올라보니
어느새 무르익은 누런 들판에
나의 삶도 도란도란 물들어갑니다

– 「들꽃 향기」 에서

그녀를 보면
힘찬 박수를 보내고 싶다
험난한 세상과는 거리가 멀 것 같은
빛나는 화색 향기로운 언어로
마음에 위안을 주는 그녀를 보면
왠지 마음 푸근해진다

– 「그녀를 보면」 에서

해산의 고통보다 더한 그리움으로
순결한 신부처럼 단장하고
간절히 사모하고 고대하며
기다려야할 날들인 것을

– 「해산의 고통보다 더한 그리움」 에서

메마른 심령 갈급한 영혼의 갈증 해소하고
가벼이 돌아서는 얼굴마다 오색 단풍처럼 화사하다
행복은 찾는 자의 열매요 꿈꾸는 자의 선물인 것을

– 「기도원에서」 에서

첫 시집 유 시인의 「네잎크로바의 비밀」인 행복의 비결을 홍문표 비평가는 그리움이 있기에 희망이 있어서 결코 좌절하지 않는다고 했다. 유 시인의 끈질김은 한국 정서의 대표이다. 이제 제2시집 『해산의 고통보다 더한 그리움』을 통해 그 안에서 한국 정서의 대표 끈질김의 노래를 찾는다.

유 시인은 남편과 손자의 따뜻한 선물을 받으면서 귀중한 가정을 잘 꾸려간다. 그리고 어엿한 사역자로서의 길을 걷는다. 비결은 하나님의 큰 은혜의 손을 그리움으로 잡고 살아온 일이다. 하나님의 크나큰 은혜가 있다.

하나님의 은혜가 유태영 시인에게 계속 임하기를 지면을 통하여 목사로서 축복한다.

해산의 고통보다 더한 그리움

유태영 제2시집

2020년 12월 15일 인쇄
2020년 12월 20일 발행

지은이 유 태 영
펴낸이 신 용 호
펴낸곳 창조문학사

서울 서대문구 홍은동 397-26 동천아카데미 5층
등록번호 제1-263호
전화 374-9011, Fax 374-5217
공급처 한국출판협동조합 전화 716-5616~9

저자와 협의에 의해 인지를 생략합니다.
파본은 바꾸어 드립니다.

값 10,000원
ISBN 978-89-7734-777-9